卞尺丹几乙し丹卞と

Translated Language Learning

La Pata del Mono
The Monkey's Paw

W.W. Jacobs

Español / English

Copyright © 2023 Tranzlaty
All rights reserved.
Published by Tranzlaty
ISBN: 978-1-83566-263-2
Original text by W.W. Jacobs
The Monkey's Paw
First published in English in 1902
www.tranzlaty.com

Primera parte
Part One

Afuera la noche era fría y húmeda
outside the night was cold and wet
pero todo iba bien en el pequeño salón de Laburnam Villa
but all was well in the small parlour of Laburnam Villa
El fuego ardía intensamente y las persianas estaban cerradas
the fire burned brightly and the blinds were drawn
La anciana de cabello blanco estaba tejiendo junto al fuego
the white-haired old lady was knitting by the fire
y padre e hijo estaban ocupados jugando al ajedrez
and father and son were busy playing chess
Al padre le gustaba jugar peligrosamente
the father liked to play the game dangerously
A menudo ponía a su rey en peligros innecesarios
he often put his king into unnecessary perils
Y esta vez había dejado al rey demasiado expuesto
and this time he had left the king too exposed
Había visto el error que había cometido
he had seen the mistake he made
Pero ya era demasiado tarde para cambiarlo
but it was too late to change it
—¡Escuchen al viento! —dijo el señor White amablemente—
"Hark at the wind!" said Mr. White, amiably
Trató de distraer a su hijo para que no viera el error
he tried to distract his son from seeing the mistake
"Estoy escuchando", dijo el hijo
"I'm listening," said the son

A pesar de que estaba examinando sombríamente el tablero
although he was grimly surveying the board
Puso al rey en jaque
he put the king into check
—No puedo imaginar que venga esta noche —dijo su padre—
"I can't imagine he'll come tonight," said his father
Y fue a poner la mano en el tablero
and he went to put his hand to the board
—Y jaque mate —añadió el hijo—
"and check mate," added the son
El Sr. White se sintió abrumado por la ira por un momento
Mr. White was quite overcome with anger for a moment
"¡Ese es el problema de vivir tan lejos!"
"That's the problem with living so far out!"
"Es un lugar tan bestial para vivir"
"it's such a beastly place to live in"
"Y está demasiado lejos del camino de las cosas"
"and it's too far out of the way of things"
"El camino a la casa es un pantano"
"The pathway to the house is a bog"
"Y el camino probablemente sea un torrente a estas alturas"
"and the road's probably a torrent by now"
"¡No sé qué estaba pensando la gente!"
"I don't know what the people were thinking!"
"Tal vez porque solo se alquilan dos casas en la calle"
"perhaps because only two houses in the road are let"
"Deben pensar que no importa"
"they must think that it doesn't matter"
—No importa, querida —dijo su esposa con dulzura—
"Never mind, dear," said his wife, soothingly

"Tal vez ganes el próximo partido"
"perhaps you'll win the next game"
Madre e hijo compartieron una mirada cómplice
mother and son shared a knowing glance
El señor White levantó la vista justo a tiempo para darse cuenta
Mr. White looked up just in time to notice
Las palabras se apagaron en sus labios
The words died away on his lips
Escondía una sonrisa culpable en su delgada barba gris
he hid a guilty grin in his thin grey beard
Se oyó un fuerte golpe en la puerta
there was a loud bang at the gate
—Ahí está —dijo Herbert White—
"There he is," said Herbert White
y pasos pesados se acercaron a la puerta
and heavy footsteps came towards the door
El anciano se levantó con hospitalaria prisa
The old man rose with hospitable haste
Le abrió la puerta a su amigo
he opened the door for his friend
y se le escuchó dar el pésame al recién llegado
and he was heard condoling with the new arrival
Finalmente, la señora White llamó a los hombres
eventually Mrs. White called the men in
Tosió suavemente cuando su marido entró en la habitación
she coughed gently as her husband entered the room
Le seguía un hombre alto y corpulento
he was followed by a tall, burly man
Era de ojos brillantes y rubicundo de rostro
he was beady of eye, and rubicund of visage
—Sargento mayor Morris —dijo, presentando a su amigo—

"Sergeant-Major Morris," he said, introducing his friend
El sargento mayor le estrechó la mano
The sergeant-major shook hands
y se sentó junto al fuego
and he took the proffered seat by the fire
Su anfitrión sacó el whisky y los vasos
his host got out the whiskey and tumblers
y puso una pequeña tetera de cobre en el fuego
and he put a small copper kettle on the fire

Después de su tercer whisky, sus ojos se volvieron más brillantes
After his third whiskey his eyes got brighter
y poco a poco empezó a hablar con más libertad
and gradually he began to talk more freely
La pequeña familia rodeó a su visitante
the little family circled their visitor
Cuadró sus anchos hombros en la silla
he squared his broad shoulders in the chair
y habló de escenas salvajes y hazañas valientes
and he spoke of wild scenes and doughty deeds
Habló de guerras, plagas y pueblos extraños
he spoke of wars and plagues and strange peoples
—Veintiún años —dijo el señor White—
"Twenty-one years of it," said Mr. White
Y saludó con la cabeza a su mujer y a su hijo
and he nodded to his wife and son
"En ese momento solo estaba trabajando en el almacén"
"he was just working in the warehouse then"
"Cuando se fue era solo un joven"
"When he went away he was just a youth"
"Ahora míralo, después de todos estos años"
"Now look at him, after all these years"

aunque la señora White lo halagó cortésmente;
although Mrs. White politely flattered him;
"No parece que haya sido demasiado dañado"
"He doesn't look like he has been too damaged"
—Me gustaría ir a la India —dijo el anciano—
"I'd like to go to India myself," said the old man
"Solo para mirar un poco a tu alrededor, ya sabes"
"just to look around a bit, you know"
pero el sargento mayor lo desaconsejó
but the sergeant-major advised against it
"Estás mejor donde estás"
"you're better off where you are"
Sacudió la cabeza al recordarlo
he shook his head at the memory
Dejó el vaso vacío de whisky
He put down the empty glass of whiskey
Suspirando suavemente, volvió a negar con la cabeza
sighing softly, he shook his head again
Pero el anciano siguió soñando con ello
but the old man continued to dream of it
"Me gustaría ver esos viejos templos"
"I would like to see those old temples"
"Y me gustaría ver a los faquires y malabaristas"
"and I'd like to see the fakirs and jugglers"
—¿Qué es lo que me decías el otro día?
"What is it you were telling me the other day?"
—¿No era algo así como la pata de un mono, Morris?
"wasn't it something about a monkey's paw, Morris?"
—Nada —dijo apresuradamente el soldado—
"Nothing," said the soldier, hastily
"No es nada que valga la pena escuchar"
"it's nothing worth hearing about"
—¿Una pata de mono? —dijo la señora White con curiosidad

"a monkey's paw?" said Mrs. White, curiously
El sargento mayor sabía que tenía que explicar un poco
the sergeant-major knew he had to explain a little
"Bueno, es solo un poco de lo que se podría llamar magia"
"Well, it's just a bit of what you might call magic"
Sus tres oyentes se inclinaron hacia adelante con entusiasmo
His three listeners leaned forward eagerly
El visitante se llevó el vaso vacío a los labios
The visitor put his empty glass to his lips
Por un momento había olvidado dónde estaba
for a moment he had forgot where he was
Y luego volvió a dejar el vaso en el suelo
and then he put the glass down again
Su anfitrión amablemente le llenó el vaso
His host kindly refilled the glass for him
Buscó algo en su bolsillo
he fumbled in his pocket for something
"A la vista, es solo una patita ordinaria"
"To look at, it's just an ordinary little paw"
"Se ha secado hasta convertirse en una momia"
"it has all but dried to a mummy"
y sacó algo de su bolsillo
and he took something out of his pocket
Se lo ofrecía a cualquiera que lo quisiera
he offered it to anyone who wanted it
La señora White se echó hacia atrás con una mueca
Mrs. White drew back with a grimace
Pero su hijo no dudó en aprovechar la oportunidad
but her son didn't hesitate at the opportunity
y le quitó la pata de mono al huésped
and he took the monkey paw from the guest
Lo examinó con gran curiosidad

he examined it with great curiosity
Pronto fue el turno de su padre de sostener la pata de mono
soon it was his dad's turn to hold the monkey paw
Después de examinarlo, lo colocó sobre la mesa
having examined it, he placed it upon the table
"¿Y qué tiene de especial?", preguntó
"And what is so special about it?" he asked
—Tenía un hechizo —dijo el sargento mayor—
"It had a spell put on it," said the sergeant-major
"Era un viejo faquir; un hombre muy santo"
"he was an old fakir; a very holy man"
"Y quería darle una lección a la gente"
"and he wanted to teach people a lesson"
"Quería demostrar que el destino gobernaba nuestras vidas"
"He wanted to show that fate ruled our lives"
"No interfieran con el destino", advirtió
"don't interfere with fate," he warned
"Así que puso un hechizo en la pata"
"so he put a spell on the paw"
"Tres hombres podrían tener la pata de mono"
"three men could have the monkey paw"
"Cada uno podría tener tres deseos"
"they could each have three wishes from it"
A su público le pareció muy divertida la historia
his audience found the story quite funny
Pero su risa rápidamente se sintió inapropiada
but their laughter quickly felt inappropriate
El narrador ciertamente no se estaba riendo
the story teller certainly wasn't laughing
Herbert trató de aligerar el ambiente en la habitación
Herbert tried to lighten the mood in the room
—Bueno, ¿por qué no tiene usted tres deseos, señor?

"Well, why don't you have three wishes, sir?"
Los que tienen experiencia tienen un silencio sobre ellos
those with experience have a quiet about them
El soldado miró con calma al joven
the soldier calmly regarded the youth
—He cumplido mis deseos —dijo en voz baja—
"I've had my wishes," he said, quietly
y su rostro manchado se volvió de un blanco grave
and his blotchy face turned a grave white
—¿Y de verdad se te concedieron los tres deseos?
"And did you really have the three wishes granted?"
"Se me concedieron mis deseos", confirmó el sargento mayor
"I had my wishes granted," confirmed the sergeant-major
-¿Y alguien más lo ha deseado? -preguntó la anciana
"And has anybody else wished?" asked the old lady
"El primer hombre tenía sus tres deseos", fue la respuesta
"The first man had his three wishes," was the reply
"No sé cuáles fueron los dos primeros deseos"
"I don't know what the first two wishes were"
"Pero el tercer deseo era la muerte"
"but the third wish was for death"
"Así es como conseguí la pata del mono"
"That's how I got the monkey's paw"
Su tono se había vuelto muy grave
His tones had gotten very grave
Un oscuro silencio se apoderó del grupo
a dark hush fell upon the group
—Ha cumplido sus tres deseos —reflexionó el señor White—
"you've had your three wishes," pondered Mr. White

—Entonces, no te sirve de nada, Morris.
"it's no good to you now, then, Morris"
—¿Para qué lo guardas?
"What do you keep it for?"
El soldado negó con la cabeza
The soldier shook his head
—Es un recordatorio, supongo —dijo, lentamente—
"it's a reminder, I suppose," he said, slowly
"Tenía alguna idea de venderlo"
"I did have some idea of selling it"
"pero no creo que lo venda"
"but I don't think I will sell it"
"Ya ha causado bastantes daños"
"It has caused enough mischief already"
"Además, la gente no se lo cree"
"Besides, people won't buy it"
"Piensan que es un cuento de hadas"
"They think it's a fairy tale"
"Algunos son un poco más curiosos que otros"
"some are a little more curious than others"
"Pero quieren probarlo antes de pagarme"
"but they want to try it first before paying me"
—le preguntó el anciano con genuina curiosidad
the old man asked him with genuine curiosity
—¿Te gustaría tener otros tres deseos?
"would you want to have another three wishes?"
"No sé..." dijo el soldado: "No lo sé"
"I don't know..." said the soldier, "I don't know"
Quitó la pata de la mesa
He took the paw from the table
y lo colgó entre el índice y el pulgar
and he dangled it between his forefinger and thumb
De repente lo arrojó al fuego
suddenly he threw it into the fire

La familia gritó sorprendida y conmocionada
the family cried out in surprise and shock
pero, sobre todo, gritaron de pesar
but most of all they cried out with regret
El señor White se agachó y lo sacó del fuego
Mr White stooped down and snatched it out the fire
—Mejor que se queme —dijo el soldado—
"Better let it burn," said the soldier
"Si no lo quieres, Morris, dámelo"
"If you don't want it, Morris, give it to me"
—No te lo daré —dijo su amigo, obstinadamente—
"I won't give it to you," said his friend, doggedly
"Tenía la intención de tirarlo al fuego"
"I meant to throw it on the fire"
"Si te lo quedas, no me culpes por lo que pase"
"If you keep it, don't blame me for what happens"
"Vuelve a echarlo al fuego como un hombre sensato"
"Pitch it on the fire again like a sensible man"
Pero el anciano negó con la cabeza
but the old man shook his head
En lugar de eso, examinó de cerca su nueva posesión
instead, he examined his new possession closely
"¿Cómo lo haces?", preguntó
"How do you do it?" he inquired
"Tienes que sostenerlo en tu mano derecha"
"you have to hold it up in your right hand"
—Entonces tienes que pedir un deseo en voz alta —dijo el sargento mayor—
"then you have to wish aloud," said the sergeant-major
"pero te advierto de las consecuencias"
"but I warn you of the consequences"
—Suena como Las mil y una noches —dijo la señora White—
"Sounds like the Arabian Nights," said Mrs. White

Y ella se levantó y comenzó a preparar la cena
and she rose and began to set the supper
"Podrías desear cuatro pares de manos, para mí"
"you could wish for four pairs of hands, for me"
Su marido levantó el talismán
Her husband held the talisman up
El sargento mayor lo agarró por el brazo
the sergeant-major caught him by the arm
Y tenía una mirada de alarma en su rostro
and he had a look of alarm on his face
Y entonces los tres se echaron a reír
and then all three burst into laughter
Pero al huésped no le hizo tanta gracia como a sus anfitriones
but the guest was not as amused as his hosts
"Si quieres algo, desea algo sensato"
"If you must wish, wish for something sensible"
El señor White se metió la pata en el bolsillo
Mr. White dropped the paw into his pocket
La cena ya casi estaba lista
supper had now almost been set up
El Sr. White colocó las sillas alrededor de la mesa
Mr White placed the chairs around the table
Y le hizo señas a su amigo para que viniera a comer
and he motioned his friend to come and eat
La cena se volvió más interesante que el talismán
supper became more interesting than the talisman
y el talismán se olvidó en parte
and the talisman was partly forgotten
De todos modos, había más historias de la India
anyway, there were more tales from India
y el invitado los entretuvo con otras historias
and the guest entertained them with other stories
La velada había sido muy agradable

the evening had been very enjoyable
Morris partió justo a tiempo para tomar el último tren
Morris left just in time to catch the last train
Herbert se había entretenido mucho con las historias
Herbert had been most entertained by the stories
"Imagínate si todas las historias que nos contó son ciertas"
"imagine if all the stories he told us are true"
"Imagínate si la pata del mono estuviera realmente encantada"
"imagine if the monkey's paw really was enchanted"
"Lo tomaremos con una pizca de sal"
"we shall take it with a pinch of salt"
La señora White también sentía curiosidad al respecto
Mrs. White was curious about it too
—¿Le diste algo a cambio, padre?
"Did you give him anything for it, father?"
Y observaba atentamente a su marido
and she watched her husband closely
—Una bagatela —dijo, coloreándose ligeramente—
"A trifle," said he, colouring slightly
"Él no quería, pero yo hice que se lo llevara"
"He didn't want it, but I made him take it"
"Y me volvió a presionar para que lo tirara"
"And he pressed me again to throw it away"
—¡Es necesario! —dijo Herbert con fingido horror—
"you must!" said Herbert, with pretended horror
"Vamos a ser ricos, famosos y felices"
"Why, we're going to be rich, and famous and happy"
"Deberías pedir el deseo de ser emperador, padre"
"you should make the wish to be an emperor, father"
Y tuvo que correr alrededor de la mesa para terminar la broma
and he had to run around the table to finish the joke

"Entonces no te picotearán las gallinas"
"then you won't be pecked by the hens"
Su madre lo perseguía con un paño de cocina
his mum was chasing him with a dishcloths
El señor White sacó la pata del bolsillo
Mr. White took the paw from his pocket
Miró dubitativamente la pata del mono momificado
he eyed the mummified monkey's paw dubiously
"No sé qué desear"
"I don't know what to wish for"
—Y eso es un hecho —dijo, lentamente—
"and that's a fact," he said, slowly
"Me parece que tengo todo lo que quiero"
"It seems to me I've got all I want"
—Pero podrías pagar la casa —sugirió Herbert—
"but you could pay off the house," suggested Herbert
"¡Imagínate lo feliz que serías entonces!"
"imagine how happy you'd be then!"
"Haces un buen punto", se rió su padre
"you make a good point," his dad laughed
—Bueno, entonces deseo doscientas libras...
"Well, wish for two hundred pounds, then"
"Eso sería suficiente para la hipoteca"
"that would be enough for the mortgage"
Tuvo que ruborizarse ante su propia credulidad
he had to blush at his own credulity
pero levantó el talismán con la mano derecha
but he held up the talisman with his right hand
Su hijo mostró un rostro solemne a su padre
his son showed a solemn face to his father
pero, a un lado, le guiñó un ojo a su madre
but, to the side, he winked to his mother
y se sentó al piano
and he sat down at the piano

Y tocó algunas cuerdas que sonaban serias
and he struck a few serious sounding chords
El anciano claramente pidió su deseo
the old man distinctly made his wish
"Deseo doscientas libras"
"I wish for two hundred pounds"
Un fino crescendo del piano saludó las palabras
A fine crescendo from the piano greeted the words
Pero entonces un grito estremecedor salió del anciano
but then a shuddering cry came from the old man
Su esposa y su hijo corrieron hacia él
His wife and son ran towards him
—Se movió —exclamó—, ¡la mano se movió!
"It moved," he cried, "the hand moved!"
Miró con disgusto el objeto que había en el suelo
he looked with disgust at the object on the floor
"Mientras cumplía mi deseo, se retorcía en mi mano"
"As I made my wish it twisted in my hand"
"Se movía en mi mano como una serpiente"
"it moved in my hand like a snake"
"Bueno, no veo el dinero", dijo su hijo
"Well, I don't see the money," said his son
Cogió la pata del suelo
he picked the paw from the floor
y colocó la mano seca sobre la mesa
and he placed the withered hand on the table
"Y apuesto a que nunca veré el dinero"
"and I bet I never shall see the money"
—Debe de haber sido tu fantasía, padre —dijo su mujer—
"It must have been your fancy, father," said his wife
"La imaginación tiene una forma de jugarle una mala pasada"
"imaginations do have a way of playing tricks"

pero ella continuó mirándolo con ansiedad
but she continued to regard him anxiously
Recobró la calma y sacudió la cabeza
He collected his calm and shook his head
"No importa, sin embargo, no se hace daño"
"Never mind, though, there's no harm done"
"Pero me dio un buen susto"
"but it did give me quite a shock"

Volvieron a sentarse junto al fuego
They sat down by the fire again
Los dos hombres fumaron el resto de sus pipas
the two men smoked the rest of their pipes
Afuera, el viento era más fuerte que nunca
outside, the wind was stronger than ever
El anciano estuvo nervioso toda la noche
the old man was on edge all night
Una puerta del piso de arriba se cerró con un golpe
a door upstairs shut itself with a bang
y casi se sale de la piel
and he almost jumped out of his skin
Un silencio insólito y deprimente se apoderó de la habitación
an unusual and depressing silence settled upon the room
Finalmente, Herbert se retiró por la noche
eventually Herbert retired for the night
Pero no pudo evitar burlarse un poco más de ellos
but he couldn't help teasing them a little more
"Espero que encuentres el dinero inmovilizado"
"I expect you'll find the cash tied up"
"Todo estará en medio de tu cama"
"it'll all be in the middle of your bed"
"Pero habrá algo horrible en tu habitación"

"but there'll be something horrible in your room"
"Estará en cuclillas encima del armario"
"it will be squatting on top of the wardrobe"
"Y te observará mientras te embolsas tus ganancias mal habidas"
"and it'll watch you as you pocket your ill-gotten gains"
"Buenas noches madre, buenas noches padre"
"good night mother, good night father"
La señora White no tardó en acostarse también
Mrs. White soon went to bed too
El anciano se sentó solo en la oscuridad
The old man sat alone in the darkness
Pasó un rato contemplando el fuego moribundo
he spend some time gazing at the dying fire
En el fuego podía ver rostros horribles
in the fire he could see horrible faces
Tenían algo extrañamente simiesco
they had something strangely ape-like to them
Y no pudo evitar mirar con asombro
and he couldn't help gazing in amazement
Pero todo se volvió demasiado vívido
but it all got a little too vivid
Con una risa inquieta alargó la mano hacia el vaso
with an uneasy laugh he reached for the glass
Iba a echar un poco de agua al fuego
he was going to throw some water on the fire
pero su mano se topó con la pata del mono
but his hand happened upon the monkey's paw
Un pequeño escalofrío recorrió su espina dorsal
a little shiver ran down his spine
Se limpió la mano en el abrigo
he wiped his hand on his coat
y finalmente también subió a la cama
and finally he also went up to bed

Segunda parte
Part Two

A la mañana siguiente, bajo el resplandor del sol invernal
In the brightness of the wintry sun the next morning
El sol caía sobre la mesa del desayuno
the sun streamed over the breakfast table
Se rió de sus temores de la noche anterior
He laughed at his fears from the previous night
Había un aire de prosaica salubridad en la habitación
There was an air of prosaic wholesomeness in the room
El estado de ánimo había carecido de este optimismo la noche anterior
the mood had lacked this optimism on the previous night
La patita sucia y arrugada fue colocada en el aparador
The dirty, shrivelled little paw was put on the sideboard
La pata fue puesta allí un poco descuidadamente
The paw was put there somewhat carelessly
como si no hubiera una gran creencia en sus virtudes
as if there was no great belief in its virtues
—Supongo que todos los viejos soldados son iguales —dijo la señora White—
"I suppose all old soldiers are the same," said Mrs. White
"¡Es gracioso pensar que estábamos escuchando tales tonterías!"
"funny to think we were listening to such nonsense!"
"¿Cómo se podrían conceder los deseos en estos días?"
"How could wishes be granted in these days?"
—¿Y cómo es posible que doscientas libras le hagan daño, padre?
"And how could two hundred pounds hurt you, father?"

Herbert también tenía una broma para esto
Herbert had a joke for this too
"Podría caer sobre su cabeza desde el cielo"
"it might drop on his head from the sky"
Pero a su padre todavía no le parecía gracioso
but his father still didn't find it all funny
"Morris dijo que las cosas sucedieron de forma muy natural"
"Morris said the things happened very naturally"
"Podríais, si quisierais, atribuirlo a una coincidencia"
"you might, if you so wished, attribute it to coincidence"
Herbert se levantó de la mesa, pero hizo una última broma
Herbert rose from the table, but made one last joke
"Bueno, no empieces a gastar el dinero antes de que vuelva"
"Well, don't start spending the money before I come back"
"Me temo que te convertirá en un hombre mezquino y avaro"
"I'm afraid it'll turn you into a mean, avaricious man"
"Y entonces tendremos que repudiarte"
"and then we shall have to disown you"
Su madre se echó a reír y lo siguió hasta la puerta
His mother laughed and followed him to the door
Ella lo observó por el camino
She watched him down the road
Luego volvió a la mesa del desayuno
then she returned back to the breakfast table
Era muy feliz a expensas de la credulidad de su marido
she was very happy at the expense of her husband's credulity
Pero se apresuró a llegar a la puerta cuando el cartero llamó

but she did hurry to the door when the postman knocked
El cartero le había traído una factura del sastre
the postman had brought her a bill from the tailor
Y volvió a comentar sobre la pata del mono
and she did comment about the monkey's paw again

El resto del día transcurrió sin incidentes
the rest of the day was quite uneventful
El señor y la señora White se preparaban para cenar
Mr. and Mrs. White were getting ready to have dinner
Esperaban que Herbert volviera en cualquier momento
They were expecting Herbert back any minute now
La señora White se puso a hablar de su hijo
Mrs White got to talking about her son
"Tendrá algunos de sus comentarios más divertidos"
"He'll have some more of his funny remarks"
—Estoy seguro de que lo hará —dijo el señor White—
"I'm sure he will," said Mr. White
Y se sirvió un poco de cerveza
and he poured himself out some beer
"Pero, bromas aparte, la cosa se movió en mi mano"
"but, joking aside, the thing moved in my hand"
—Lo pensabas —dijo la anciana con dulzura—
""you thought," said the old lady, soothingly
"Yo digo que sí se movió", respondió el otro
"I say it DID move," replied the other
"No hubo ningún 'pensamiento' al respecto"
"There was no 'thought' about it"
"Estaba a punto de... ¿Qué pasa?"
"I was about to... What's the matter?"
Su esposa no respondió
His wife made no reply
Estaba observando los misteriosos movimientos de un

hombre afuera
She was watching the mysterious movements of a man outside
Parecía estar tratando de decidirse a entrar
He appeared to be trying to make up his mind to enter
Hizo una conexión mental con las doscientas libras
she made a mental connection with the two hundred pounds
Y notó que el forastero estaba bien vestido
and she noticed that the stranger was well dressed
Llevaba un sombrero de seda de brillante novedad
He wore a silk hat of glossy newness
Tres veces se detuvo en la puerta
Three times he paused at the gate
Luego se alejó de nuevo
Then he walked away again
La cuarta vez se paró con la mano en la puerta
The fourth time he stood with his hand on the gate
Resueltamente, abrió la puerta de par en par
resolutely, he flung the gate open
Y subió por el sendero hacia la casa
and he walked up the path towards the house
Se apresuró a desabrochar las cuerdas de su delantal
She hurriedly unfastened the strings of her apron
y puso ese delantal debajo del cojín de su silla
and put that apron beneath the cushion of her chair
Luego se dirigió a la puerta para dejar entrar al desconocido
then she went to the door to let the stranger in
Entró despacio y la miró furtivamente
He entered slowly, and gazed at her furtively
La anciana se disculpó por la apariencia de la habitación
the old lady apologized for the appearance of the room

pero él escuchaba preocupado
but he listened in a preoccupied fashion
También se disculpó por el abrigo de su esposo
She also apologized for her husband's coat
una prenda que solía reservar para el jardín
a garment which he usually reserved for the garden
Esperó pacientemente a que él le dijera por qué había venido
She waited patiently for him to say why he had come
pero al principio guardó un extraño silencio
but he was at first strangely silent
—Me han pedido que vaya a verte —dijo al fin—
"I was asked to come to you," he said, at last
Se agachó para sacar un trozo de algodón de su pantalón
He stooped to pick a piece of cotton from his trousers
"Vengo de Las Fauces y Meggins"
"I come from Maw and Meggins"
La anciana se sobresaltó por lo que había dicho
The old lady was startled by what he had said
"¿Pasa algo?", preguntó, sin aliento
"Is anything the matter?" she asked, breathlessly
—¿Le ha pasado algo a Herbert?
"Has anything happened to Herbert?
"¿Qué es? ¿Qué le pasó?
"What is it? What happened to him?"
—Espera un poco, madre —dijo su marido apresuradamente—
"wait a little, mother," said her husband, hastily
"Siéntate y no saques conclusiones precipitadas"
"Sit down, and don't jump to conclusions"
—No ha traído malas noticias, estoy seguro, señor.
"You've not brought bad news, I'm sure, Sir"
Y miró al desconocido con nostalgia

and he eyed the stranger wistfully
"Lo siento..." comenzó el visitante
"I'm sorry..." began the visitor
—¿Está herido? —preguntó la madre, enloquecida
"Is he hurt?" demanded the mother, wildly
El visitante hizo una reverencia en señal de asentimiento
The visitor bowed in assent
—Gravemente herido —dijo en voz baja—
"Badly hurt," he said, quietly
"Pero no tiene ningún dolor"
"but he is not in any pain"
-¡Oh, gracias a Dios! -exclamó la anciana-
"Oh, thank God!" said the old woman
y juntó las manos para orar
and she clasped her hands to pray
"¡Gracias a Dios por eso! Gracias..."
"Thank God for that! Thank..."
Interrumpió su frase de repente
She broke off her sentence suddenly
El siniestro significado de la seguridad se apoderó de ella
the sinister meaning of the assurance dawned upon her
Miró el rostro desviado de los extraños
she looked into the strangers averted face
y vio la terrible confirmación de sus temores
and she saw the awful confirmation of her fears
Recuperó el aliento por un momento
she caught her breath for a moment
Y se volvió hacia su marido, más torpe
and she turned to her slower-witted husband
Ella posó su vieja mano temblorosa sobre la mano de él
She laid her trembling old hand upon his hand
Hubo un largo silencio en la sala

There was a long silence in the room
Finalmente, el visitante rompió el silencio, en voz baja
finally the visitor broke the silence, in a low voice
"Quedó atrapado en la maquinaria"
"He was caught in the machinery"
—Atrapado en la maquinaria —repitió el señor White—
"Caught in the machinery," repeated Mr. White
Murmuró las palabras aturdido
he muttered the words in a dazed fashion
Se sentó mirando fijamente a la ventana
He sat staring blankly out at the window
Tomó la mano de su esposa entre las suyas
he took his wife's hand between his own
Se volvió suavemente hacia el visitante
he turned gently towards the visitor
"Era el único que nos quedaba"
"He was the only one left to us"
"Es difícil", respondió el otro
"It is hard," The other replied
Se levantó y caminó lentamente hacia la ventana
Rising, he walked slowly to the window
"La firma deseaba que le transmitiera su más sincero pésame"
"The firm wished me to convey their sincere sympathy"
"Reconocemos que ha sufrido una gran pérdida"
"we recognize that you have suffered a great loss"
pero no pudo mirarlos a los ojos
but he was unable to look them in the eyes
"Te ruego que entiendas que yo solo soy su mensajero"
"I beg that you will understand I am only their messenger"
"Simplemente estoy obedeciendo las órdenes que me dieron"
"I am merely obeying the orders they gave me"

No hubo respuesta de la pareja de ancianos
There was no reply from the old couple
El rostro de la anciana estaba pálido
The old woman's face was white
Sus ojos miraban fijamente
Her eyes were staring
Su respiración era inaudible
Her breath was inaudible
Su marido miraba a media distancia
her husband was looking into some middle distance
"Maw y Meggins se eximen de toda responsabilidad"
"Maw and Meggins disclaim all responsibility"
"No admiten ninguna responsabilidad"
"They admit no liability at all"
"Pero son considerados con los servicios de su hijo"
"but they are considerate of your son's services"
"Quieren presentarle alguna compensación"
"they wish to present you with some compensation"
El señor White soltó la mano de su esposa
Mr. White dropped his wife's hand
Se puso en pie para lo que estaba a punto de pedir
he rose to his feet for what he was about to ask
Y miró con horror a su visitante
and he gazed with a look of horror at his visitor
Sus labios secos dieron forma a las palabras:
"¿Cuánto?"
His dry lips shaped the words, "How much?"
"Doscientas libras", fue la respuesta
"Two hundred pounds," was the answer
Su esposa soltó un grito cuando escuchó el número
his wife gave out a shriek when she heard the number
El anciano solo sonrió levemente
the old man only smiled faintly
Extendió las manos como un ciego

He held out his hands like a sightless man
y se dejó caer en el suelo en un montón sin sentido
and he dropped into a senseless heap on the floor

Tercera parte
Part Three

En el enorme cementerio nuevo
In the huge new cemetery
A dos millas de distancia de la casa
two miles away from the house
Los ancianos enterraron a su hijo muerto
the old people buried their dead son
Regresaron juntos a su casa
They came back to their house together
Estaban sumidos en la sombra y el silencio
they were steeped in shadow and silence
Todo terminó tan rápido
It was all over so quickly
Apenas podían asimilar lo que había sucedido
they could hardly take in what had happened
Permanecieron en un estado de expectativa
They remained in a state of expectation
como si fuera a suceder otra cosa
as though of something else was going to happen
otra cosa, que era aligerar esta carga
something else, which was to lighten this load
la carga demasiado pesada para que los corazones viejos la soporten
the load too heavy for old hearts to bear
Pero los días pasaron sin ningún alivio
But the days passed without any relief
y la expectación dio paso a la resignación
and expectation gave place to resignation
La resignación desesperada de los viejos
The hopeless resignation of the old
A veces se le llama mal apatía

sometimes it is miscalled apathy
En este tiempo apenas intercambiaron una palabra
in this time they hardly exchanged a word
Ahora no tenían nada de qué hablar
Now they had nothing to talk about
Sus días eran largos, por el cansancio
their days were long, from the weariness

Fue aproximadamente una semana después del funeral
It was about a week after the funeral
El anciano se despertó de repente en la noche
the old man woke suddenly in the night
Extendió la mano
He stretched out his hand
Se dio cuenta de que estaba solo en la cama
he found he was alone in bed
La habitación estaba a oscuras
The room was in darkness
El sonido de un llanto apagado provenía de la ventana
The sound of subdued weeping came from the window
Se incorporó en la cama y escuchó
He raised himself in bed and listened
—Vuelve —dijo con ternura—
"Come back," he said, tenderly
"Vas a tener frío", le advirtió
"You will be cold," he warned her
—Hace más frío para mi hijo —dijo la anciana—
"It is colder for my son," said the old woman
Y lloró aún más que antes
and she wept even more than before
El sonido de sus sollozos se extinguió en sus oídos
The sound of her sobs died away on his ears
La cama era cálida y cómoda
The bed was warm and comfortable

Tenía los ojos pesados por el sueño
His eyes were heavy with sleep
Durmió hasta que un repentino grito de su esposa lo despertó
he slept until a sudden cry from his wife awoke him
"¡La pata!", gritó salvajemente, "¡La pata del mono!"
"The paw!" she cried wildly, "The monkey's paw!"
Se levantó de la cama alarmado
He got out of bed in alarm
"¿Dónde? ¿Dónde está?", preguntó
"Where? Where is it?" he demanded
"¿Qué le pasa a la pata del mono?"
"What's the matter with the monkey's paw?"
Cruzó la habitación tambaleándose hacia él
She came stumbling across the room toward him
—Quiero la pata del mono —dijo en voz baja—
"I want the monkey's paw," she said, quietly
—No lo has destruido, ¿verdad?
"You've not destroyed it, have you?"
—Está en el salón —respondió, maravillado—
"It's in the parlour" he replied, marvelling
"¿Por qué quieres la pata del mono?"
"Why do you want the monkey's paw?"
Lloraba y reía al mismo tiempo
She cried and laughed at the same time
Se inclinó y le besó la mejilla
Bending over, she kissed his cheek
"Acabo de pensar en eso", dijo, histérica.
"I only just thought of it," she said, hysterically.
"¿Por qué no lo pensé antes?"
"Why didn't I think of it before?"
—¿Por qué no se te ocurrió?
"Why didn't you think of it?"
"¿En qué no pensamos?", cuestionó

"what didn't we think of?" he questioned
—**Los otros dos deseos —respondió ella rápidamente—**
"The other two wishes," she replied, rapidly
"Solo hemos tenido uno de nuestros deseos"
"We've only had one of our wishes"
—**¿No era suficiente? —preguntó, con fiereza**
"Was that not enough?" he demanded, fiercely
—**No —exclamó triunfalmente—**
"No," she cried, triumphantly
"Pediremos un deseo más"
"we will make one more wish"
"Baja y consíguelo rápido"
"Go down and get it quickly"
"Y desear que nuestro hijo vuelva a estar vivo"
"and wish our boy alive again"
El hombre se sentó en la cama
The man sat up in bed
Arrojó las sábanas de sus temblorosas extremidades
He flung the bedclothes from his quaking limbs
—**¡Dios mío, estás loco! —exclamó, horrorizado—**
"Good God, you are mad!" he cried, aghast
—**Coge la pata del mono —jadeó—**
"Get the monkey's paw," she panted
"Y pide el deseo. ¡Oh, hijo mío, hijo mío!
"and make the wish. Oh, my boy, my boy!"
Su marido encendió un fósforo y encendió la vela
Her husband struck a match and lit the candle
—**Vuelve a la cama —dijo, vacilante—**
"Get back to bed," he said, unsteadily
"No sabes lo que dices"
"You don't know what you are saying"
—**Se nos concedió el primer deseo —dijo la anciana, febrilmente—**
"We had the first wish granted," said the old woman,

feverishly

"¿Por qué no podemos conseguir que se nos conceda un segundo deseo?"
"Why can we not get a second wish granted?"

—Una coincidencia —tartamudeó el anciano—
"A coincidence," stammered the old man

-Ve a buscarlo y desea -exclamó su mujer-
"Go and get it and wish," cried his wife

Estaba temblando de emoción
she was quivering with excitement

El anciano se volvió y la miró
The old man turned and regarded her

Su voz tembló, "Ha estado muerto diez días"
His voice shook, "He has been dead ten days"

"Y además... Yo no te lo diría..."
"and besides... I would not tell you..."

"pero, solo pude reconocerlo por su ropa"
"but, I could only recognize him by his clothing"

"Era demasiado terrible para que lo vieras"
"he was too terrible for you to see"

—¿Cómo podría recuperarse de eso?
"how could he be brought back from that?"

-Tráiganlo de vuelta -gritó la anciana-
"Bring him back," cried the old woman

Lo arrastró hacia la puerta
She dragged him toward the door

"¿Crees que temo al niño que amamanté?"
"Do you think I fear the child I nursed?"

Bajó en la oscuridad
He went down in the darkness

Se dirigió a tientas a la cocina
he felt his way to the kitchen

Luego se dirigió a la repisa de la chimenea
Then he went to the mantelpiece

El talismán estaba en su lugar
The talisman was in its place
Se apoderó de él un miedo horrible
he was overcome by a horrible fear
el temor de que su deseo funcionara
the fear that his wish would work
Su deseo sería traer de vuelta a su hijo mutilado
his wish would bring his mutilated son back
Había perdido la dirección de la puerta
he had lost the direction of the door
pero volvió a recobrar el aliento
but he caught his breath again
Tenía la frente fría de sudor
His brow was cold with sweat
Incluso el rostro de su esposa parecía cambiado
Even his wife's face seemed changed
Su rostro estaba pálido y expectante
her face was white and expectant
Parecía tener un aspecto antinatural
it seemed to have an unnatural look upon it
Le tenía miedo
he was afraid of her
—¡Ojalá! —exclamó con voz fuerte—
"Wish!" she cried, in a strong voice
—Es insensato y perverso —titubeó—
"It is foolish and wicked," he faltered
"¡Ojalá!", repitió su esposa
"Wish!" repeated his wife
Tomó la pata y levantó la mano
He held the paw and raised his hand
"Deseo que mi hijo vuelva a estar vivo"
"I wish my son alive again"
El talismán cayó al suelo
The talisman fell to the floor

Lo miraba con temor
He regarded it fearfully
Luego se hundió tembloroso en una silla
Then he sank trembling into a chair
La anciana, con los ojos ardientes, se acercó a la ventana
The old woman, with burning eyes, walked to the window
Subió las persianas y se asomó
she raised the blinds and peered out
La anciana permanecía inmóvil junto a la ventana
the old woman stood motionless at the window
Se sentó hasta que se heló con el frío
he sat until he was chilled with the cold
De vez en cuando miraba a su mujer
occasionally he glanced at his wife

El candelabro se había quemado por debajo del borde
The candle-end had burned below the rim
La llama arrojaba sombras palpitantes sobre las paredes
the flame threw pulsating shadows on the walls
Con un parpadeo más grande que el resto, se apagó
with a flicker larger than the rest, it went out
El anciano sintió una indescriptible sensación de alivio
The old man felt an unspeakable sense of relief
El talismán no había cumplido su deseo
the talisman had failed to grand his wish
Entonces, el anciano se arrastró de regreso a su cama
so, the old man crept back to his bed
Uno o dos minutos después, la anciana se unió a él
A minute or two afterwards the old woman joined him
Ella se acostó a su lado en silencio y con apatía
she silently and apathetically laid herself beside him

Ninguno de los dos habló, pero permanecieron en silencio
Neither spoke, but they lay silently
Escucharon el tic-tac del reloj
they listened to the ticking of the clock
Oyeron el crujido de las escaleras
they heard the creaking of the stairs
y un ratón chillón se escabulló ruidosamente a través de la pared
and a squeaky mouse scurried noisily through the wall
La oscuridad que se cernía sobre ellos era opresiva
The darkness hanging over them was oppressive
Finalmente, el anciano volvió a tener el valor suficiente
eventually the old man had enough courage again
Se levantó y cogió la caja de cerillas
he got up and took the box of matches
Encendió una cerilla y bajó las escaleras en busca de una vela
Striking a match, he went downstairs for a candle
Al pie de la escalera, se apagó el fósforo
At the foot of the stairs the match went out
Y se detuvo para encender otra cerilla
and he paused to strike another match
En el mismo momento se oyó un golpe
At the same moment there was a knock
un golpe tan silencioso y sigiloso que apenas se oía
a knock so quiet and stealthy as to be scarcely audible
El golpe vino de la puerta principal
the knock came from the front door
Los fósforos se le cayeron de la mano y se derramaron por el suelo
The matches fell from his hand and spilled on the floor
Permaneció inmóvil en la escalera
He stood motionless on the stairs

Su respiración se suspendió hasta que se repitió el golpe
his breath suspended until the knock was repeated
Luego se dio la vuelta y huyó rápidamente a su habitación
Then he turned and fled swiftly back to his room
Y cerró la puerta tras de sí
and he closed the door behind him
Un tercer golpe resonó en la casa
A third knock sounded through the house
—¿Qué es eso? —exclamó la anciana
"What's that?" cried the old woman
—Una rata —dijo el anciano con tono tembloroso—
"A rat," said the old man in shaking tones
"Una rata, pasó corriendo junto a mí en las escaleras"
"a rat, it ran past me on the stairs"
Su esposa se sentó en la cama, escuchando
His wife sat up in bed, listening
Un fuerte golpe resonó en toda la casa
A loud knock resounded through the house
"¡Es Herbert!", gritó, "¡es Herbert!"
"It's Herbert!" she screamed, "it's Herbert!"
Corrió hacia la puerta, pero su marido fue más rápido
She ran to the door, but her husband was quicker
La agarró por el brazo y la abrazó con fuerza
he caught her by the arm and held her tightly
"¿Qué vas a hacer?", susurró con voz ronca
"What are you going to do?" he whispered hoarsely
"Es mi hijo; ¡Es Herbert!", exclamó
"It's my boy; it's Herbert!" she cried
Luchó mecánicamente para liberarse
she struggled mechanically to break free
"Olvidé que estaba a dos millas de distancia"
"I forgot it was two miles away"

"¿Por qué me estás reteniendo?"
"What are you holding me for?"
"Déjame ir. Debo abrir la puerta"
"Let me go. I must open the door"
-¡Por el amor de Dios, no lo dejes entrar! -exclamó el anciano, temblando-
"For God's sake don't let it in," cried the old man, trembling
—Tienes miedo de tu propio hijo —exclamó, forcejeando—
"You're afraid of your own son," she cried, struggling
"Déjame ir. Ya voy, Herbert, ya voy"
"Let me go. I'm coming, Herbert, I'm coming"
Hubo otro golpe, y otro
There was another knock, and another
Con un movimiento brusco, la anciana se liberó
with a sudden movement the old woman broke free
Y salió corriendo de la habitación
and she ran out of the room
Su marido la siguió hasta el rellano
Her husband followed her to the landing
La llamó suplicantemente mientras ella bajaba apresuradamente las escaleras
he called after her appealingly as she hurried downstairs
Oyó el traqueteo de la cadena de la puerta
He heard the chain of the door rattle back
la voz de la anciana, tensa y jadeante
the old woman's voice, strained and panting
—El pestillo de la puerta —gritó en voz alta—
"The latch of the door" she cried, loudly
"Baja, no puedo alcanzarlo"
"Come down, I can't reach it"
Pero su marido estaba de rodillas
But her husband was on his hands and knees

Estaba tanteando salvajemente en el suelo
he was groping wildly on the floor
Buscaba frenéticamente la pata
he was frantically searching for the paw
Si tan solo pudiera encontrarlo antes de que entrara la cosa de afuera
If he could only find it before the thing outside got in
Una ráfaga perfecta de golpes reverberó por toda la casa
A perfect fusillade of knocks reverberated through the house
Oyó el roce de una silla
He heard the scraping of a chair
Su mujer había puesto la silla contra la puerta
his wife had put the chair against the door
Oyó el crujido del cerrojo
He heard the creaking of the bolt
En el mismo momento encontró la pata del mono
At the same moment he found the monkey's paw
Frenéticamente exhaló su tercer y último deseo
frantically he breathed his third and last wish
Los golpes cesaron de repente
The knocking ceased suddenly
pero los ecos de ella seguían en la casa
but the echoes of it were still in the house
Oyó que tiraban de la silla hacia atrás
He heard the chair being pulled back
Y oyó que se abría la puerta
and he heard the door being opened
Un viento frío subió la escalera
A cold wind rushed up the staircase
y un largo y fuerte gemido de decepción siguió al viento
and a long loud wail of disappointment followed the

wind
Le dio valor para correr a su lado
it gave him courage to run down to her side
Luego corrió hacia la puerta de la casa
Then he ran to the gate of the house
La farola parpadeaba en una carretera tranquila y desierta
The street lamp flickered on a quiet and deserted road

Fin
The End

www.tranzlaty.com

www.ingramcontent.com/pod-product-compliance
Lightning Source LLC
Chambersburg PA
CBHW011954090526
44591CB00020B/2775